Helmut K. Roth

Senioren -
TAI-CHI

9 Atem- und 11 Bewegungsübungen

Für den Einklang von
Körper, Geist und Seele

Inhaltsverzeichnis

Innerer Titel	
Inhalt	2
Inhalt 2	
Vorwort	4
Sinnspruch	
Entstehung	6
Gesundheitswirkungen	
Wer kann ausüben	8
Was Sie brauchen	
Übungsaufbau	10
4 Lernabschnitte	
Trainingsmöglichkeiten	12
Im Sitzen	
Sitzpositionen	14
Armhaltungen	
Atmung	16
Bewegungsarten	
Fußstellungen	18
Ausführung	
<u>**Atemübungen**</u>	20
3 Ebenen des Chi-Balls Titelbild	
3 Ebenen Text	22
Fotos 1-3	
Heben und Senken Titelbild	26
Heben und Senken Text	
Fotos 1-3	28-30
Waagerechter Chi-Ball Titelbild	
Waagerechter Chi-Ball Text	32
Fotos 1+2	33-34
Die Flügel Titelbild	
Die Flügel Text	36
Fotos 1-4	37-40
Die dreifache Hand Titelbild	
Die dreifache Hand Text	42
Fotos 1-6	43-48
Die Welle Titelbild	
Die Welle Text	50
Fotos 1-3	

Das Chi schöpfen Titelbild	**54**
Das Chi schöpfen Text	
Fotos 1-6	
Der Innenkreis Titelbild	**62**
Der Innenkreis Text	
Fotos 1-5	**64-68**
Der dreifache Erwärmer Titelbild	
Der dreifache Erwärmer Text	**70**
Fotos 1-5	
Bewegungsübungen	**76**
Die Hände heben Titelbild	
Die Hände heben Text	**78**
Fotos 1-4	**79-82**
Der Chi-Ball Stoß Titelbild	
Der Chi-Ball Stoß Text	**84**
Der Schwan Titelbild	
Der Schwan Text	**90**
Fotos 1-6	**91-96**
Der Bogen Titelbild	
Der Bogen Text	**98**
Fotos 1-6	**99-104**
Die seitliche Faust Titelbild	
Die seitliche Faust Text	**106**
Fotos 1-3	
Die Weberin Titelbild	**110**
Die Weberin Text	
Fotos 1+2	
Das Wildpferd Titelbild	**114**
Das Wildpferd Text	
Fotos 1-3	**116-118**
San Ti Titelbild	
San Ti Text	**120**
Fotos 1-4	**121-124**
Der Löwe Titelbild	
Der Löwe Text	**126**
Fotos 1-4	**127-130**
Das Wegkreuz Titelbild	
Das Wegkreuz Text	**132**
Fotos 1-5	
7 Sterne Titelbild	**138**
7 Sterne Text	
Fotos 1-4	
Zum Autor	**144**
Hinweis	
Zum Abschluss	**146**

Vorwort

Liebe Leserinnen und Leser,
als wir uns mit der Planung zu unserem neuen Buch beschäftigten, mussten wir uns die Frage beantworten, wie denn nun 'Senioren' überhaupt zu definieren sind, da es doch bekanntlich sehr viele junge, aber schon alte ebenso wie zwar alte, aber eigentlich doch junge Menschen gibt.
Letztlich haben wir uns dann der Definition von Wirtschaft und Werbung angeschlossen und richten unser Buch 'Senioren-TAI-CHI' an alle über 49 Jahre alten Junggebliebenen.

Den Bedürfnissen und Notwendigkeiten unseres schnelllebigen Alltags müssen wir uns ja alle stellen. Wir wünschen Ihnen nun viel Spaß beim Lesen und Lernen und hoffen, dass Sie für die Ruhe und das Wohlfühlgefühl Ihres Körpers und Ihrer Seele die genau für Sie passenden Übungen finden werden.

„Versuche erst gar nicht, beim Üben perfekt sein zu wollen, sondern finde dabei Deine innere Ruhe, und sei einfach Du selbst."   Chin. Weisheit

**Wenn Du bereit bist,
den ersten Schritt zu machen,
so wirst Du auch
das weiteste Ziel erreichen"** Laotse

ENTSTEHUNG

Während Tai-Chi (gesprochen Tai-Tschi) in Asien wie das Zähneputzen zum ganz normalen und auch gewollten Alltag gehört,
war die alte chinesische Bewegungskunst im Westen für den Einsatz im privaten Umfeld oder in Senioreneinrichtungen bisher stets denkbar ungeeignet. Denn Tai Chi wird bei uns in Fitness-Centern oder Volkshochschulen immer in festgelegten Bewegungsabläufen,
den so genannten Formen, gelehrt, die mit ihren vielen Richtungsänderungen und Gleichgewichtsverlagerungen
sehr platz-, lern- und zeitintensiv sind, so dass selbst die kürzeste Form zudem noch ohne Atemübung rund drei Monate an reinem Erlernen erfordert.

Unser Senioren-TAI-CHI kann Ihnen dagegen gleich vier Vorteile bieten:

1. Es gibt keine Kurse mit nur einer Trainingseinheit pro Woche,
Sie erlernen unser Senioren-TAI-CHI bequem über Videos, über Wochenend-Seminare in den diversen Einrichtungen oder über Personal-Training im vertrauten Umfeld bei Ihnen zu Hause.
2. Senioren-TAI-CHI besteht immer aus separaten Einzelübungen,
so dass Sie hier nicht wie bei den Formen ständig überlegen müssen, wie nun der Übergang in die nächste Bewegung vollzogen werden soll und Sie Ihre Übungen auch jederzeit sofort beenden können.
3. Unsere abgeschlossenen Kurzübungen können so leicht erlernt und problemlos im Gedächtnis behalten werden.
4. In den Tai-Chi-Formen werden Sie immer wieder auf Bewegungen stoßen, die Sie nicht so gut ausführen können oder die Ihnen ganz einfach nicht gefallen.
Bei unserem Senioren-TAI-CHI jedoch können Sie die Übungen ganz nach Ihren körperlichen oder zeitlichen Möglichkeiten stehend oder auch sitzend frei zusammenstellen, so dass Ihr individuelles Trainingsprogramm ganz in eigener Regie entwickelt werden kann.

GESUNDHEITSAUSWIRKUNGEN
durch Senioren-TAI-CHI:

Das Herz-Kreislauf-System wird ohne Überlastung leicht angeregt-

Konzentration, Merkfähigkeit und Gleichgewichtssinn werden gestärkt -

Verbesserte Körperbeherrschung mit verstärktem Körpergefühl -

Ruhigere und gleichmäßigere Atmung -

Pulsschlag und Blutdruck werden verlangsamt und gesenkt -

Die Sauerstoffversorgung wird verbessert -

Kräftigung von Muskulatur und Gelenken -

Schlacken und Giftstoffe werden durch die Stoffwechselanregung besser abtransportiert -

Schließlich wird durch die Atemmeditation tiefe Entspannung erreicht -

Wer kann Senioren-TAI-CHI ausüben ?

Jeder Mensch, der ruhig stehen und dazu noch einen Schritt machen kann, kann dann auch - unabhängig von Alter oder Gewicht - die in sich geschlossenen Kurzübungen leicht erlernen.

SITZ-TAI-CHI

Wenn Sie unter Gelenk-, Rücken- oder Gleichgewichtsproblemen leiden, so können
Sie Ihr Training jederzeit auch im Sitzen durchführen.
Zur besseren Anschaulichkeit haben wir einige der Übungen auch im Sitzen dargestellt.

Was Sie für Ihr TAI-CHI brauchen

Ort:
Sie sollten auf jeden Fall an einem ruhigen Ort
ohne Lärmstörungen üben, das kann so natürlich
auch das Bad oder die Küche sein.

Kleidung:
Ein spezieller Tai-Chi-Anzug ist nicht erforderlich,
Sie sollten aber für eine freie Atmung und fließende
Bewegungen schon weite und nicht einengende Kleidung tragen.

Schuhe:
Gleiches gilt auch für Ihr Schuhwerk, das auch nicht einengend sein sollte,
so dass auch geschlossene Hausschuhe sehr gut geeignet sind.

Musik:
So wie z.B. auch das Tanzen ohne Musikbegleitung wenig
sinnvoll wäre, so sollten Sie, wenn Sie dann fortlaufend üben
möchten, sich für Ihre Übungen eine Meditationsmusik besorgen,
die mit ihrem Tonus auf Herzschlag und Puls beruhigend wirkt.

Übungsaufbau

Die chinesischen Begriffe der Übungen sind oft
sehr blumig und langatmig.
Für unsere heutige Zeit haben wir diese für Sie
zum besseren Behalten verkürzt bzw. mit
leicht verständlichen neuen Namen versehen.

Atemübungen

Da wir alle aus Stresssituationen unseres heutigen
Alltags zum Training kommen, sollten Sie, um
über die Senkung von Puls und Blutdruck ruhiger
werden zu können, stets dem Bewegungstraining
eine Atemübung voranstellen.

Gerne können Sie - mit dann mehr
Wiederholungen in auch beliebig viele
Bewegungshöhen - die Atemübungen ebenso
als Einzeltraining oder auch zur alleinigen
Standmeditation verwenden.

BEWEGUNGSÜBUNGEN

Die Bewegungsübungen können Sie mit
beliebig vielen Wiederholungen symmetrisch
in die linke wie rechte Schräge oder auch,
dann mit etwas mehr Sicherheit, gerne auch zu
den Seiten hin durchführen.

MEDITATION

Nach dem durch das auswendig Erlernen
erreichten Verinnerlichen der Bewegungen
können Sie die Übungen durch oftmaliges und
immer mehr fließendes Wiederholen mit dann auch
dem Einsatz der langen Ausatmung schließlich
auch als Bewegungsmeditation durchführen.

Senioren-TAI-CHI in 4 Lernabschnitten

Tai-Chi wird oft auch als Bewegungsmeditation bezeichnet. Nun werden Sie sich sicher fragen, wie man Bewegungen der Hände mit dazu Fußbewegungen und dazu noch Gewichtsverlagerungen durchführen und dabei gleichzeitig meditieren soll.
Nun, wenn man zuvor die einzelnen Abschnitte der Bewegungen auswendig erlernt und damit verinnerlicht hat, so ist eine Meditation in der Bewegung dann durchaus möglich.

ABSCHNITT 1
Im Abschnitt 1 sollten Sie sich nur im Stand auf die Handbewegungen konzentrieren.

ABSCHNITT 2
Im Abschnitt 2 eignen Sie sich allein die Fußstellungen und -bewegungen an.

ABSCHNITT 3
Nach dem Erlernen der Hand und Fußbewegungen fügen Sie nun im Abschnitt 3 die Drehung von einer zur anderen Seite sowie die Gewichtsverlagerung hinzu.

ABSCHNITT 4
Erst, wenn Sie die drei vorherigen Abschnitte auswendig gelernt und damit verinnerlicht haben, sollten Sie sich der Atmung zuwenden und erlernen, die Körperbewegungen mit der Atmung zu kombinieren.

TRAININGSMÖGLICHKEITEN:

Tai-Chi ist die Kunst der Langsamkeit -
Tai-CHi ist auch die Kunst zur Entschleunigung -
beides sicher ideal gerade in unserer heutigen Zeit.
Wenn Sie mit Ihrem Training beginnen, so sollten Sie immer quasi einen Schalter umlegen und sich dann, ganz wie Sie es sich vorstellen können, nur noch wie in Zeitlupe oder wie unter Wasser bewegen, es gibt dann - und denken Sie hier vor allem auch an die Übergänge - **keine einzige schnelle Bewegung mehr !**

Unser Senioren-TAI-CHI bietet Ihnen fünf Trainingsmöglichkeiten:

1. Sie können alle Atem- und Bewegungsübungen
immer auch im Sitzen durchführen
2. Sie können Atemübungen nach Wahl zur Beruhigung
von Puls und Blutdruck Ihren Bewegungsübungen voranstellen
3. Sie können dieses Atemtraining auch als alleinige Übung
mit mehr Wiederholungen meditativ vornehmen
4. Sie können Atem- und dann Bewegungsübungen als
komplettes Trainingsprogramm nach Ihrer Wahl einsetzen
5. Und Sie können auch aus Bewegungsübungen mit nur
zwei Gewichtsverlagerungen Laufübungen werden lassen
Und dies geht so:
Haben Sie die vordere Endposition einer Bewegung erreicht, so nehmen Sie langsam das Gewicht zurück, bis der vordere Fuß unbelastet wieder angehoben ist, dann drehen Sie diesen für besseren Stand leicht nach außen und geben dann langsam das gesamte Gewicht auf diesen Fuß, nun haben Sie so ja schon einen Schritt ausgeführt, dann mit Bogenschritt auf die andere Körperseite die Übung wie gewohnt fortsetzen und für weiteres Laufen dann dort wieder das Gleiche durchführen usw.

AUSFÜHRUNG IM SITZEN

Sie benötigen dafür nur eine Sitzgelegenheit ohne
Armlehnen, um so auch im Sitzen Bewegungsübungen
durchführen zu können.
Die Grundposition wird hierbei mit den Händen -nicht
an der Hosennaht wie bei den Übungen im Stand -
sondern bequem mit den Fingerspitzen nach
schräg innen auf den Oberschenkeln eingenommen
(siehe Abbildung).
Sie können sich nun auf der Sitzgelegenheit ganz nach hinten
setzen und anlehnen - mit so weniger an Bewegungsfreiheit,
dafür aber bequem (siehe Abbildung) oder aber Sie
Sie sitzen mit nur dem halben Oberschenkel und aufrecht
auf der Sitzgelegenheit für dann mehr an
Bewegungsspielraum (siehe Abbildung hierzu).
Weitere Ausgangsstellungen sind dann der linke
oder rechte bzw. der senkrechte Chi-Ball
(siehe Abbildungen)

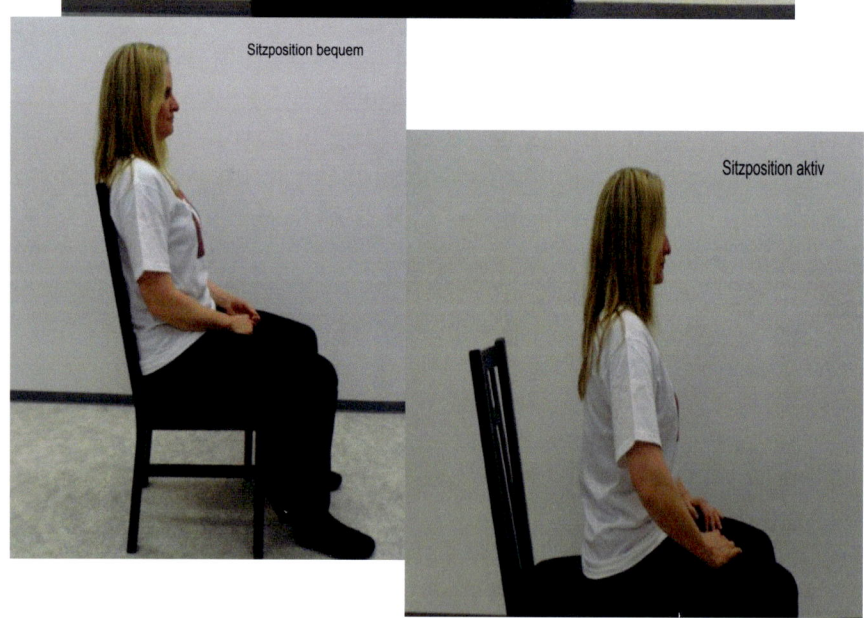

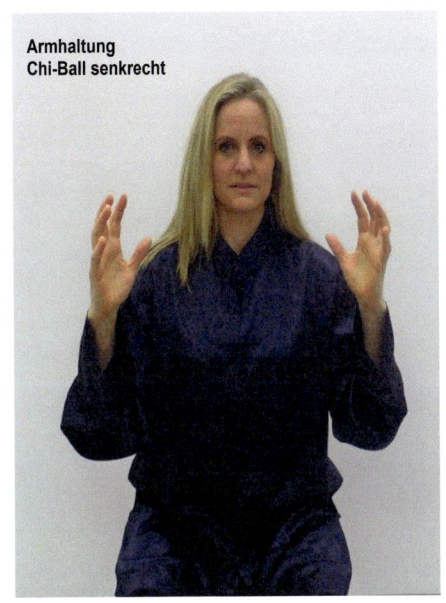

Armhaltung
Chi-Ball senkrecht

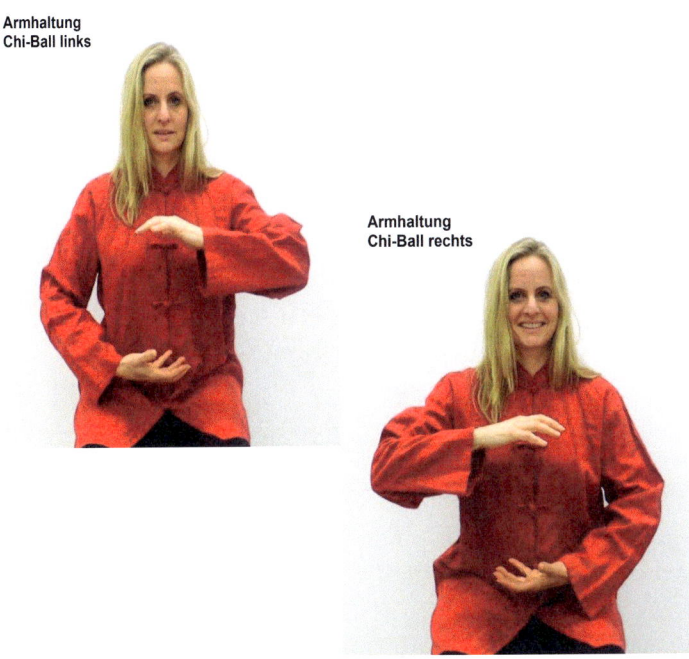

Armhaltung
Chi-Ball links

Armhaltung
Chi-Ball rechts

Die Atmung

Johannes Heesters hat einmal gesagt, er sei nur deshalb so alt geworden, weil er gelernt habe, bewusst langsam auszuatmen und sich so quasi von der 'schlechten' Luft zu befreien.
Bei unserem Senioren-TAI-CHI kommt der Effekt
der Puls und Blutdrucksenkung dann auch über eine sehr ruhige und lange Ausatmung zustande.
Während Sie bei allen Hebe- und Zurückziehbewegungen immer einatmen, so atmen Sie bei allen
Druck- und Schiebebewegungen nach unten,
vorne und nach oben immer aus - und bei dieser langen Ausatmung sollten Sie dann beim Erlernen immer mitzählen, ein langsames Zählen bis vier ist wünschenswert, bis fünf schon sehr gut und bis sechs oder gar mehr wäre wirklich meisterlich.

BEWEGUNGSARTEN
STANDPOSITION:
Sie nehmen eine bequeme, schulterbreite Stellung ein, die Füße
für sicheren Stand ganz leicht in die Schrägen gedreht.
Schultern locker, Blick gerade nach vorne in die Weite.
Nabel/Gürtel ganz leicht nach vorne gekippt.
Von hier können Sie nun Bewegungen im Stand ausführen.
Als Bewegungsübung dann mit einem Schritt jeweils nach schräg vorne,
wenn Sie sich es später zutrauen, können Sie mit dann mehr Drehung
die Übungen auch ganz zur jeweiligen Seite ausführen.
Sicher werden Sie, wenn Sie einen Schritt nach vorne machen,
sogleich Ihr Gewicht auf das vordere Bein verlagern --
im TAI-CHI bewegen wir uns jedoch ganz anders, wir überdehnen dabei
den unteren Rücken nicht und halten durch unsere bleibend aufrechte
Haltung auch die Lunge und damit unsere Atmung immer weit und offen.

DIE PENDELBEWEGUNG
**Nach dem Prinzip Ferse - Fuß - Knie und Gewicht sollten Sie diese
Bewegung wieder und wieder üben, bis Sie sie komplett verinnerlicht
haben (siehe nachfolgende Abbildungen) :**
Sie nehmen dazu den schulterbreiten Stand ein,
das Gewicht genau mittig verteilt, die Füße leicht in die Schrägen gedreht.
Nun geben Sie Ihr Gewicht langsam ganz auf das eine Bein und
schieben dann das andere – die Fußspitze bitte immer gerade nach vorne -
das Gewicht bleibt hinten - einen Schritt im Halbkreis vor- wodurch beide
Füße immer für besseres Gleichgewicht rund eine Hand breit auseinander
stehen - so dass die Ferse den Boden berührt und der Fuß leicht angehoben
ist - nun senken Sie den Fuß langsam auf den Boden - dabei unbedingt das
Bein noch gestreckt lassen und noch nicht das Gewicht verlagern - erst jetzt
langsam und aufrecht den Körper mit Nabel oder Gürtel als vorderster Stelle
nach vorne schieben, bis das Knie schließlich über dem Spann steht, nicht
weiter --
Wie gesagt: erst Ferse - dann Fuß - dann erst Knie und Gewicht. Von vorne
gesehen, bilden beide Füße eine 1.
Bei der gegenläufigen Bewegung nach hinten zunächst langsam Gewicht
zurücknehmen, bis das Bein gestreckt ist und der Fuß wieder angehoben auf
der Ferse steht - dann gerne wieder eine Bewegung nach vorne in beliebiger
Höhe folgen lassen.
Seitenwechsel:
Dazu zunächst das Gewicht auf das hintere Bein zurückholen, dann den
vorderen Fuß langsam und im handbreiten Abstand zurückziehen und dann
diesen, wieder ganz leicht schräg gestellt, mit dem Gewicht belasten und nun
die Übung spiegelverkehrt auf die andere Seite durchführen.

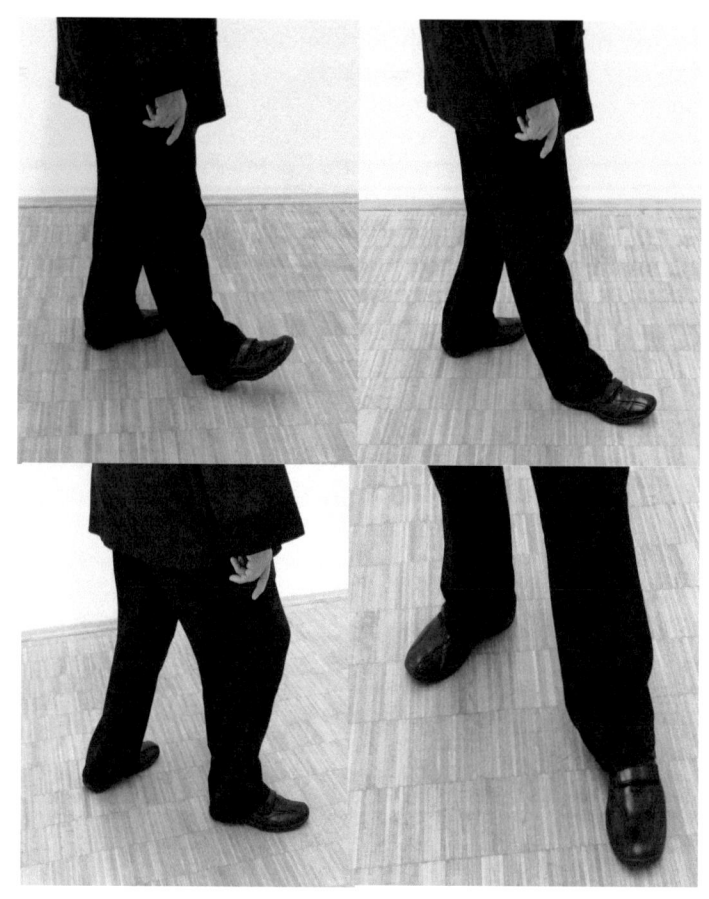

AUSFÜHRUNG der ÜBUNGEN

Da wir alle ja zum Trainingsbeginn sicher immer aus einer hektischen Alltagssituation kommen, sollten Sie den Bewegungsübungen immer eine Atemübung voranstellen, um so Puls und Blutdruck beruhigen zu können.

Dafür genügt, es die von Ihnen frei auszuwählenden und zumeist aus dem Qi Gong(im Chinesischen Qi = die Lebensenergie und Gong = Arbeit, also Arbeit mit der Lebensenergie) stammenden Atemübungen zwei Mal langsam durchzuführen.

Wollen Sie dagegen eine ohne mehrere dieser Atemübungen einzeln ohne danach folgende Bewegungsübung vornehmen, so sollten die diese dann jeweils zumindest fünf Mal ausführen, um so dann auch einen meditativen Effekt erzielen zu können.

Im bekannten YIN-YANG-Symbol (siehe erste Seite im Buch) können Sie sehen, dass der weibliche YIN-Teil und der männliche YANG-Teil zum Ausgleich ein Stück der anderen Körperenergie in sich tragen - wenn sich beide Energien im Einklang befinden, so ist der Mensch dann auch gesund.

Die Bewegungsübungen werden immer symmetrisch in die linke und rechte Schräge durchgeführt.

Man könnte dies als Übung zur Synchronisation der beiden Gehirnhälften bezeichnen, nach der chinesischen Gesundheitslehre eignen sich die zu beiden Seiten und dann auch in einer Pendelbewegung von hinten nach vorne ausgeführten Übungen ideal zum Ausgleich von YIN und YANG. Nachdem Sie dabei zudem vier Bewegungshöhen (Bauch, Brust, Gesicht und über dem Kopf) zur Verfügung haben, bieten sich Ihnen hierbei viele Variationsmöglichkeiten.

ATEMÜBUNGEN

Die 3 Ebenen des Chi-Balls

Heben und senken

De waagerechte Chi-Ball

Die Flügel

Die dreifache Hand

Die Welle

Das Chi schöpfen

Der Innenkreis

Der dreifache Erwärmer

*„ Schenke Dir jeden Tag ein herzliches Lachen,
weil Lachen die Musik Deiner Seele ist „* **R.Tagore**

Die 3 Ebenen des Chi-Balls

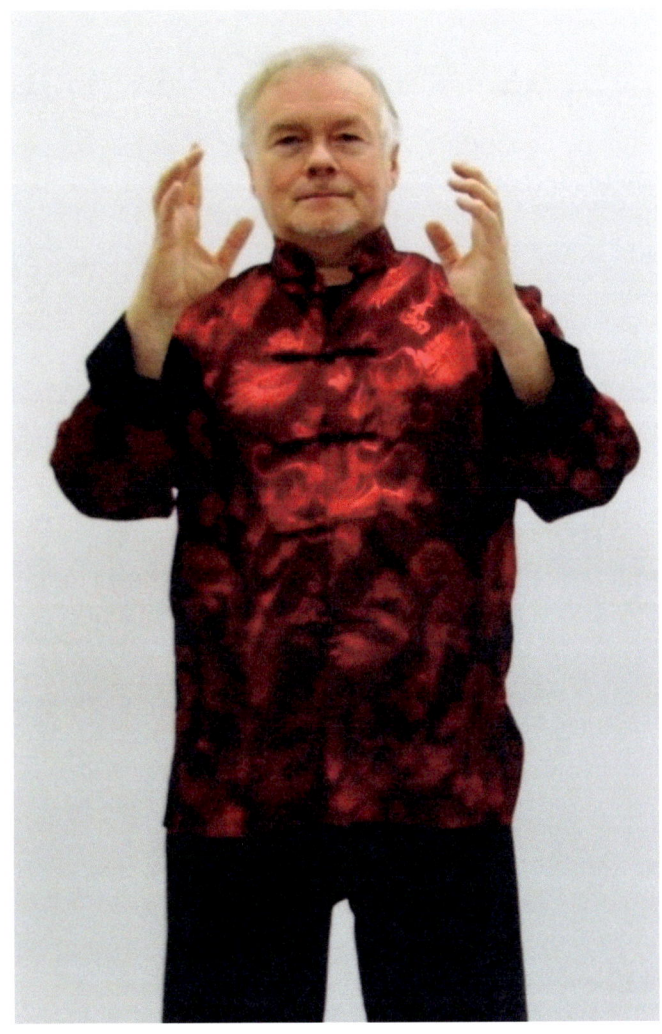

Die drei Ebenen des Chi-Balls

Ausgangsposition

Die Arme von der Hosennaht nach vorne
mit den Fingerspitzen nach unten bis vor die
Oberschenkel bringen, dann bis auf etwa
10 cm Abstand zusammenführen -
jetzt zur Seite weiter als zuvor öffnen und
wieder bis fast zur Berührung zusammenführen --
nun wieder auf Oberschenkelweite öffnen und
mit den Fingerspitzen nun nach vorne bis vor den
Bauch anheben und beide Chi-Ball Bewegungen
wie zuvor durchführen -
schließlich die Hände wieder bis Oberschenkelweite
öffnen und mit den Fingerspitzen jetzt nach oben auf
Gesichtshöhe anheben und wieder beide Bewegungen
des Chi-Balls durchführen, am Ende die Arme wieder
bis zur Fingern nach unten herunterführen und wieder
langsam an die Hosennaht legen.

Ausführung
Zur Beruhigung zwei Mal, als Meditation oder
Einzelübung mindestens fünf Mal wiederholen.

Atmung
Beim jeweiligen Öffnen der Arme einatmen,
beim langsamen Zusammenführen der Hände

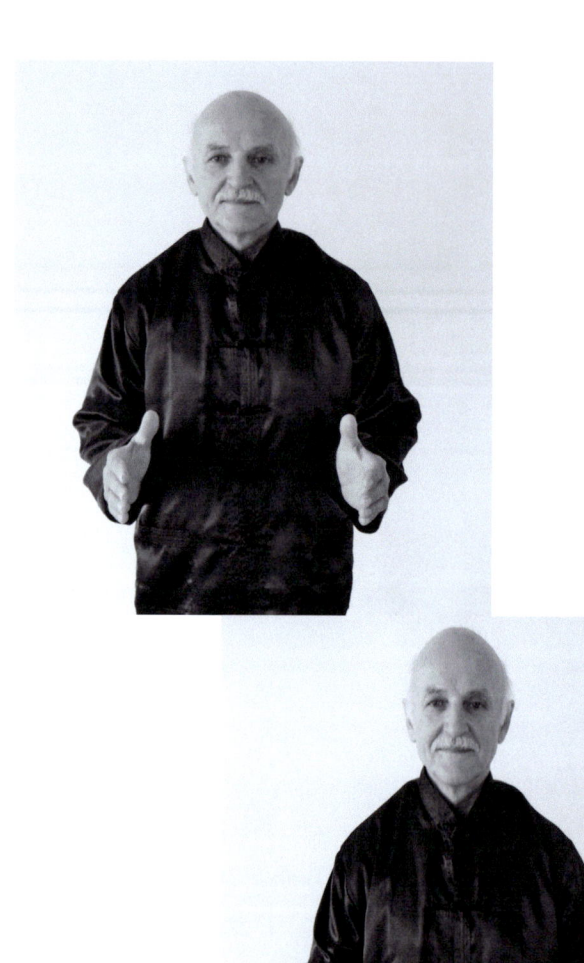

Heben und senken

Heben und Senken

Ausgangsposition

Lassen Sie nun neben den Oberschenkeln
mit nach unten hängenden Händen Ihre Arme
bis etwa Brusthöhe nach oben gleiten (Abb.1), wenden
dann ganz langsam die Hände mit nun den Fingern oben
(Abb.2) und drücken dann ein imaginäres Luftkissen bis zur
Hüfthöhe nach unten (Abb.3) -
jetzt dieselbe Anhebebewegung weiter nach rechts in die
Schräge und bis in Kopfhöhe durchführen und von dort die
Hände langsam wieder bis in Hüfthöhe herunter drücken.
(Abb.4-7)
Beliebig wieder von vorn beginnen.
Wenn Sie beenden möchten, dann aus der hüfthohen
Position die Arme mit den Handkanten bis zur
Waagerechten führen und von dort langsam wieder an die
Hosennaht legen.

Ausführung:
Zur Beruhigung und Vorbereitung drei Mal durchführen, als
Einzelübung und zur Meditation zumindest sechs Mal.

Atmung:
Beim Anheben der Arme einatmen, ausatmen beim
Absenken und

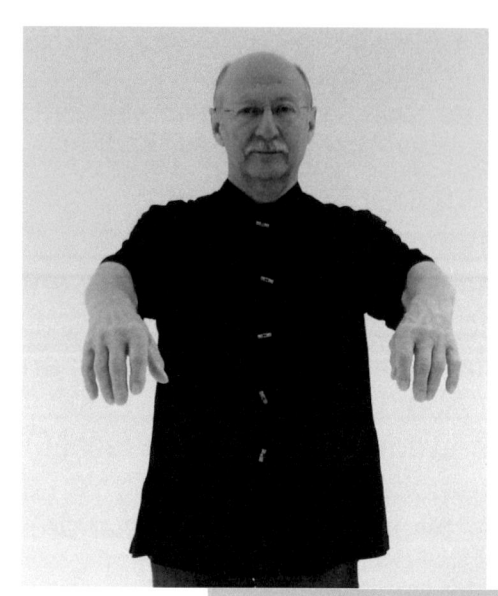

Der waagerechte Chi-Ball

Der waagerechte Chi-Ball

Ausgangsposition, legen Sie nun vor
dem Körper in Nabelhöhe - die Ellenbogen
zur Seite - Ihre Hände so übereinander,
als wollten Sie einen Ball festhalten,
also die eine Hand mit der Handfläche nach oben
und dem Daumen nach vorne und die andere Hand
mit der Handfläche nach unten und dem Daumen
zum Körper darüber - Abstand etwa 10 cm. (Abb.1)

Heben Sie nun die obere Hand langsam bis zur Brust
und senken Sie dann wieder ab in die vorherige Position.

Im zweiten Abschnitt nun die obere Hand bis zum Mund
anheben und wieder absenken. (Abb. 2)
Im dritte Abschnitt schließlich bis zur Stirn anheben und
wieder langsam absenken --

Nun die Hände möglichst im gehaltenen Chi-Ball wenden,
bis sich nun die vorher obere Hand unten und die vorher
untere oben befindet.

Dann die drei Bewegungen wiederholen (Abb. 3 und 4)

Ausführung:
Körper gerade lassen, nicht nach vorne neigen,
Hände locker, Finger geöffnet.

Atmung:
Einatmen beim Anheben der oberen Hand, ausatmen
beim Absenken der Hand - dabei langsam bis vier
zählen, später werden Sie bis fünf, vielleicht sogar bis
sechs schaffen können.

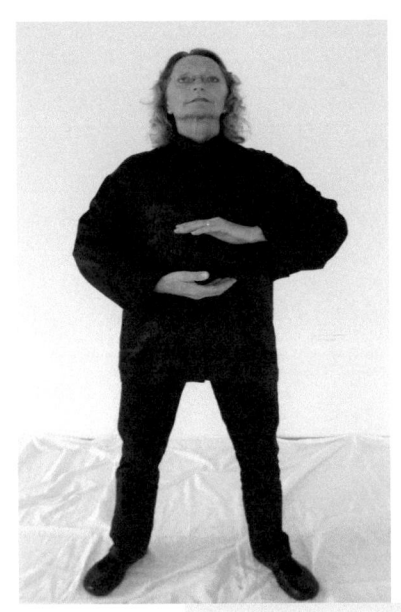

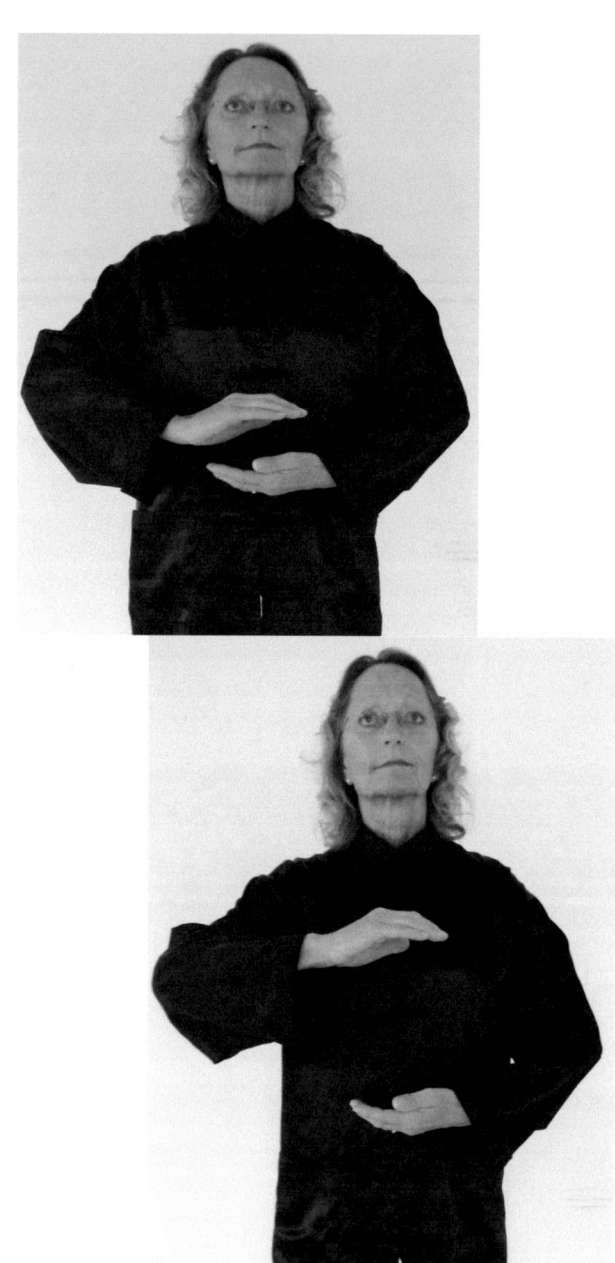

Die Flügel

Die Flügel

Ausgangsposition, die Hände an der Hosennaht.
Beide Arme nun mit hängenden Händen - die Finger also
nach unten, Handgelenk oben - langsam zur Seite (Abb.1) bis zur
Waagerechten anheben (Abb.2) - nun die Hände mit den Fingern
jetzt nach oben langsam aufdrehen (Abb.3) - dann mit den Händen
ein imaginäres Luftpolster langsam herunter drücken (Abb.4)
bis wieder zur Hosennaht. -
Nun in gleicher Weise Hände und Arme dieses Mal
bis zum Kinn anheben (Abb.5) - Hände wieder aufdrehen (Abb.7)
und wieder langsam herunter drücken, doch nur bis Hüfthöhe.
Beim dritten Mal nun die Hände im Bogen (Abb.8) bis
über den Kopf führen (Abb.9) und dann langsam im weiten Bogen
(Abb.10) zurück bis zur Hosennaht absenken.

Durchführung:
Zur Beruhigung und Vorbereitung einer Bewegungsübung
zwei Mal, zur Meditation als Einzelübung wenigstens fünf
Mal und dann beliebig oft wiederholen.

Atmung:
Beim jeweiligen Anheben der Arme einatmen -
bei deren Absenken ausatmen

Die dreifache Hand

Die dreifache Hand

Ausgangsposition an der Hosennaht

Die rechte Hand langsam mit dem Daumen nach oben
bis zur Hüfte anheben und dabei den Ellenbogen
nach hinten führen, bis die Hand neben der Hüfte steht.
Nun die Handkante mit tiefer liegendem Ellenbogen
nach vorne schieben, nicht ganz ausstrecken.
Nun die Hand wenden, bis der Handrücken nach oben
weist, dabei den Arm quasi auf eine Etage höher anheben
bis etwa Gesichtshöhe - zurückziehen, bis die Hand wieder
neben dem Körper steht, nun die Hand aufdrehen bis zur
Handfläche nach vorne und die Hand nun, wieder mit abgesenktem
Ellenbogen, nach vorne bis fast zur Streckung führen.
Im dritten Handabschnitt nun die Hand wenden, bis der Daumen
nach oben weist, wieder eine Etage anheben nun bis Kopfhöhe,
Hand zurückziehen bis neben dem Körper und Faust bilden -
bitte ganz locker, man soll für fließendes Chi noch durchsehen können -
jetzt die Faust schräg über den Kopf fast zur Streckung bringen. -

Nun die ganze Übung mit der linken Hand wiederholen.
Dann die Übung gleichzeitig mit beiden Händen durchführen.

Ausführung:
Zunächst die rechte, dann die linke Hand und schließlich beide Hände
sind bei einem Durchlauf dann schon neun Abschnitte, so dass
ein Mal zur Beruhigung für Puls und Atmung ausreicht.
Zur Meditation oder als Einzelübung zumindest drei Mal
die gesamte Übung durchführen.
Sie können die Übung aber gerne auch gleich mit beiden Händen
absolvieren. Dann zur Beruhigung zwei Mal und
zur Meditation oder als Einzelübung zumindest fünf Mal durchführen.

Atmung:
Beim jeweiligen Zurückführen der Arme einatmen, beim
nach vorne Schieben ganz langsam ausatmen.

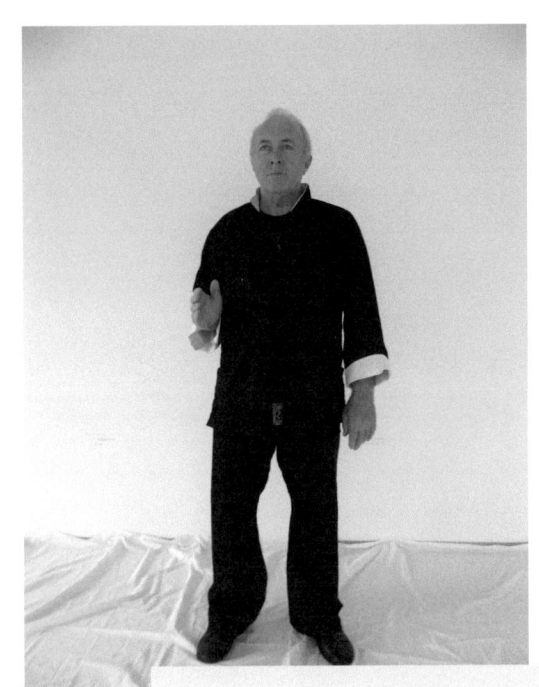

Die Welle

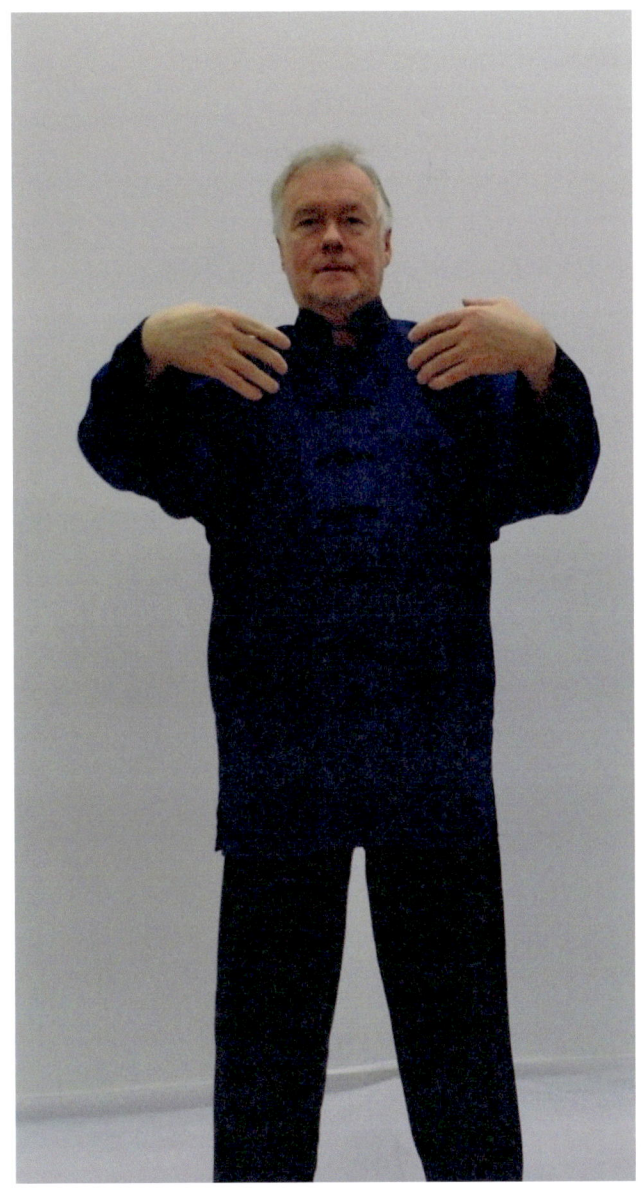

Die Welle

Hände von der Hosennaht mit den
Handflächen unten in die Schräge
bis Bauchhöhe anheben, dann langsam
genau so nach innen klappen, bis sich die
Fingerspitzen fast berühren - dann mit
de Handkanten schräg nach unten
bis Hüfthöhe schneiden - nun die Arme
von außen im Halbkreis anheben bis
Brusthöhe, beim nach innen Klappen
die Handflächen nun zum Körper, die
Fingerspitzen bis fast zur Berührung
nach hinten zum Körper hin klappen und
dann nach vorne vom Körper weg drücken,
dabei die Finger nach vorne weg klappen -
schließlich die Hände in gleicher Form wie zuvor
nun in Gesichts-Kopfhöhe zurückholen und nun
langsam nach schräg oben weg klappen.

Ausführung:
Für Puls und Blutdruck 2 Mal, zur Meditation
und zur alleinigen Übung zumindest 5 Mal
durchführen.

Atmung:
Beim jeweiligen Hereinholen der Arme
einatmen, ausatmen beim Wegklappen vom Körper.

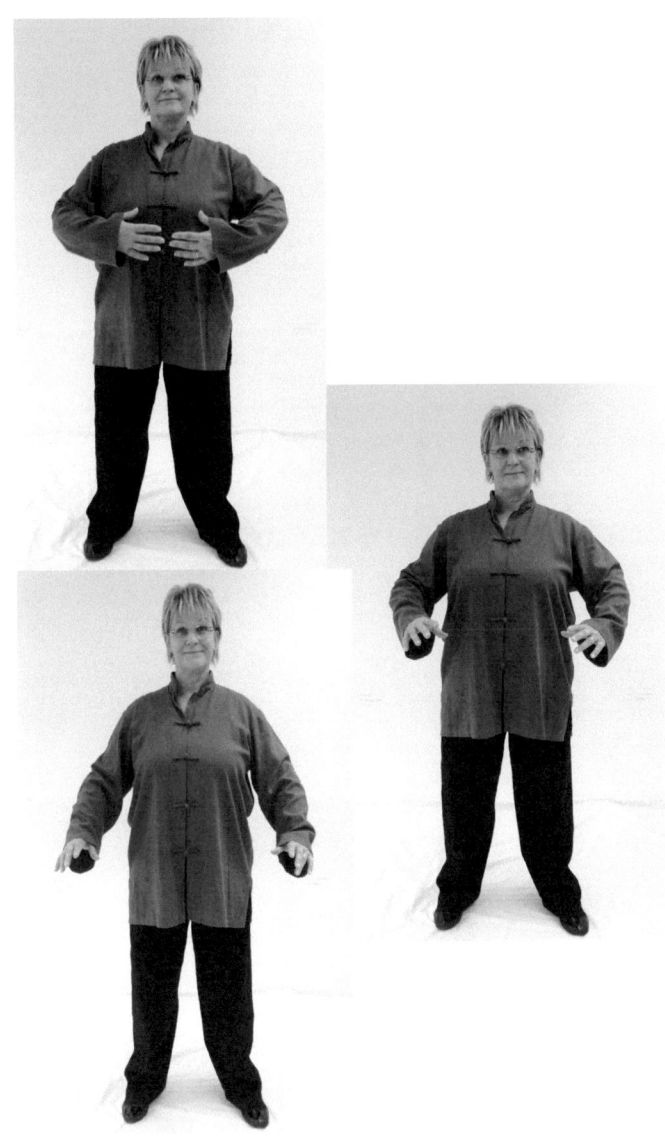

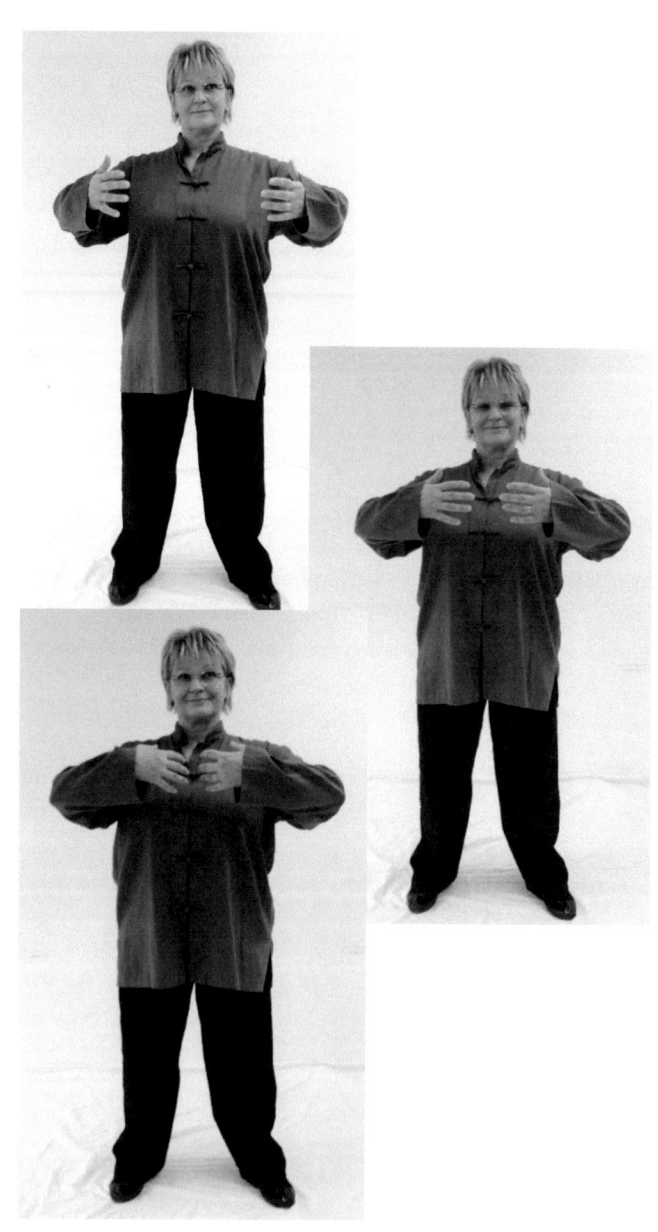

Das Chi schöpfen

Das Chi schöpfen

Ausgangsposition
Rechte Hand mit Handfläche oben in die Schräge
bis Brusthöhe anheben, wenden und mit der
Handfläche nach unten bis zur Hüfte herunter
drücken - wieder Hand wenden, nun bis Kopfhöhe anheben
und erneut nach unten drücken
Auf der linken Seite beides wiederholen.
Nun mit beiden Händen gleichzeitig beide
Bewegungen wiederholen
Nun eine Hand mit der Handfläche oben bis Kopfhöhe
bringen, nun beide Hände wenden mit den Handflächen nun
zueinander, rechte Hand mit der Handfläche unten abwärts
drücken und gleichzeitig die linke mit der Handfläche nach oben
bis Kopfhöhe anheben - nun spiegelverkehrt wieder wie zuvor.

Ausführung:
Die Übung kann zur Zeiteinsparung auch gleich mit beiden
Händen begonnen werden.
Zwei Mal für Puls und Blutdruck, zumindest fünf Mal
für Meditation bzw. als Einzelübung

Atmung:
Beim Anheben der Arme einatmen, ausatmen beim
Herunterdrücken.
Bei der gleichzeitigen Übung jeweils mit der
herunter gedrückten Handfläche ausatmen

Der Innenkreis

Der Innenkreis

Ausgangsposition an der Hosennaht
Die Arme schräg zur Seite bis Bauchhöhe (Abb.1)
anheben, dann die Unterarme langsam nach innen klappen Abb.2),
bis die Finger sich fast berühren (Abb.3), dann die Arme langsam
bis Hüfthöhe herunterdrücken (Abb.4) - nun die Unterarme
bis zur Streckung nach außen klappen (Abb.5), dann
anheben bis Brusthöhe, nach innen klappen (Abb.6)
und nun bis etwa Bauchhöhe herunterdrücken.(Abb.7)
Jetzt wieder die Unterarme nach außen klappen
anheben nun bis Augenhöhe (Abb.8), wieder herein klappen
(Abb.9) und herunter drücken bis Bauchhöhe.(Abb.10)
Im vierten Abschnitt schließlich die Arme ganz nach außen
strecken, über den Kopf (Abb.11) und dann dort wie ein Dach
zusammen führen - die Finger berühren sich wie jedes Mal nicht -
nun die Hände langsam bis Hüfthöhe herunterdrücken .
wenn Sie beenden wollen, dann langsam die Arme
zu den Seiten ausstrecken und wieder an die
Hosennaht legen.

Ausführung:
Für Puls und Blutdruck ganze Übung zwei Mal,
zur Meditation und als Einzelübung zumindest
fünf Mal durchführen.

Atmung:
Beim Auseinanderführen und Zusammenklappen
der Arme einatmen, beim jeweiligen Absenken
der Arme langsam ausatmen.

Der dreifache Erwärmer

Der Dreifache Erwärmer

Ausgangsposition an der Hosennaht.
Von hier die Arme wenden mit den
Handflächen nun oben und in die
Schräge bis zum Bauch anheben -
nun die Hände drehen,Handflächen nun
wieder unten,Ellenbogen anheben, einatmen und
Hände fast bis zur Berührung zusammenführen,
dann mit Ausatmung nach unten drücken bis zur
Hüfte -- nun die Arme mit den Händen weiter
in dieser Position seitlich bis zur Brust anheben,
dabei Handflächen nun zueinander, Arme nach
vorne ausstrecken, einatmen,jetzt einklappen bis fast
zur Berührung und mit Ausatmung zurückholen mit nun
den Daumen zum Körper und den Handflächen nach
unten, dann einatmen und mit Ausatmung Arme ganz nach
vorne und weit zur Seite führen, zur Hüfte absenken
und vorne mit den Handflächen nun nach oben
fast zusammenführen -- nun einatmen mit den Handflächen
zum Körper anheben bis zum Kinn und von hier mit
Ausatmung nach vorne kippen mit nun den Daumen
schräg nach vorne und am Ende zur Seite führen,
von hier wieder nach unten,entweder zum Beenden mit den Händen
dann wieder an der Hosennaht oder zur Wiederholung
Hände unten vor dem Körper mit den Handflächen oben
zusammenführen.

Ausführung:
Für Puls und Blutdruck zwei Mal, als Einzelübung und zur
Meditation zumindest fünf Mal wiederholen.
Atmung:
Einatmen bei Anheben der Hände, ausatmen beim Herunterdrücken.
Einatmen beim kreisförmigen nach vorne Bringen, ausatmen beim
Zurückführen an den Körper. Nun einatmen und wieder ausatmen
beim nach vorne heraus Schneiden.
Einatmen beim Anheben der Arme – ausatmen beim Herunterführen.

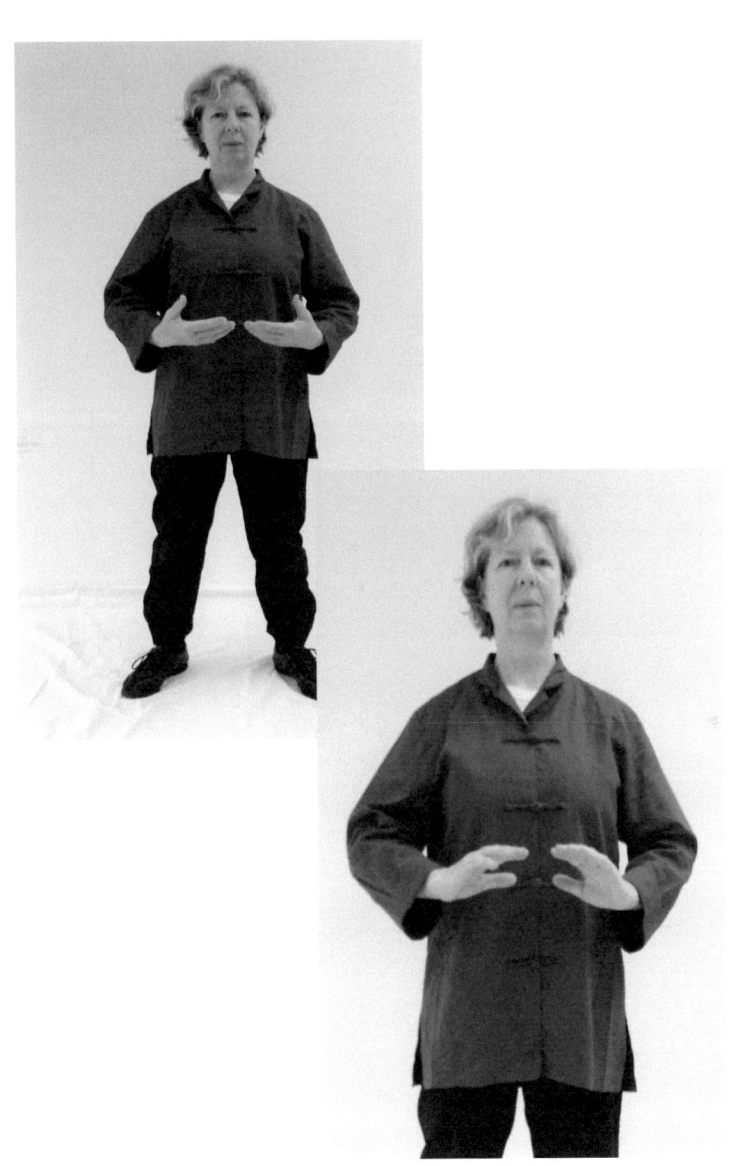

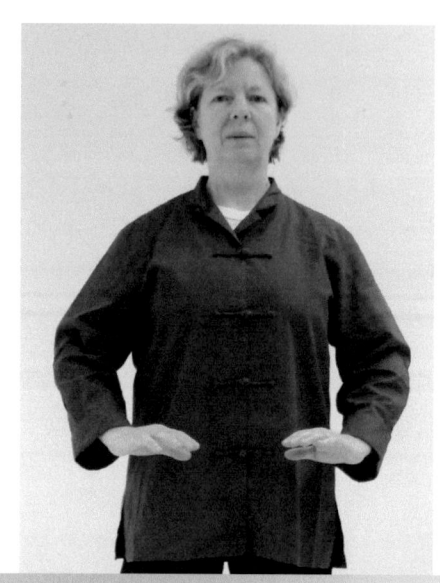

Bewegungsübungen

Die Hände heben

Der Stoß mit dem Chi-Ball

Der Schwan

Der Bogen

Die seitliche Faust

Die Weberin

Das Wildpferd

San Ti - Himmel und Erde

Der Löwe

Das Wegkreuz

Die 7 Sterne

„ Hab' keine Angst, nur langsam voranzukommen, hüte Dich nur vor dem Stehenbleiben " Chin.Weisheit

Die Hände heben

Die Hände heben

Ausgangsposition, Füße leicht schräg, Gewicht nach rechts verlagern, Hände mit den Flächen zueinander,
hoch führen bis vor das Gesicht -
nun Körper, Hände und linken Fuß in die linke Schräge, Ferse aufgesetzt, Fuß steht hoch,
Hände nun langsam auseinander gleiten
lassen, linke Hand bleibt oben, rechte Hand so darunter, dass ihre Fingerspitzen unter dem linken Handgelenk stehen, dabei im Bogenschritt den Fuß **ohne Gewicht** aufsetzen - nun noch die Hände in besagter Position nach vorne in die Schräge schieben, mit dem Knie bis über den Spann gehen und Nabel - **nicht Schultern** - langsam mit dem Knie nach vorne schieben.
Nun Gewicht langsam zurück, Fuß und Bein zurückholen zur Ausgangsposition, leicht schräg zum sicheren Stand, Hände wieder im senkrechten Chi-Ball,
nun Gewicht nach links verlagern und Übung spiegelverkehrt zur anderen Seite vornehmen.
Sie können die Hände zur Variation wahlweise in Brust-, Bauch oder auch in Kopfhöhe anheben.

Atmung
Beim Anheben der Hände einatmen, beim Ausdrücken und der Gewichtsverlagerung nach vorne jeweils langsam ausatmen.
Beim Zurückholen es vorderen Beins ausatmen, einatmen dann bei der Gewichtsverlagerung, dann bei der Ausführung wieder ausatmen.

Der Stoß mit dem Chi-Ball

DER STOSS MIT DEM CHI-BALL

Ausgangsposition senkrechter Chi-Ball,
also die Handflächen zueinander und die Finger nach oben.
Nun den rechten Fuß leicht in die Schräge drehen, Gewicht
darauf geben und die Hände im gehaltenen Chi-Ball so
nach rechts zur Schulter drehen, dass dabei die linke Hand
nach vorne gekippt wird, so dass jetzt der linke Daumen
nach oben weist.
Aus dieser quasi 'Stoßstellung' nun den
Bogenschritt in die linke Schräge ausführen und
dabei den Chi-Ball in Brusthöhe langsam ausstoßen,
Hände nicht ganz strecken.
Nun den Chi-Ball nach unten absenken, zurück zum Körper,
dabei das Gewicht zurücknehmen, bis der linke Fuß wieder
angehoben ist - nun den Chi-Ball bis Kopfhöhe anheben
und dann mit dem Bogenschritt den Stoß zum Kopf
durchführen.
Nun Chi-Ball und linken Fuß langsam zurückholen,
Fuß schräg aufsetzen, Gewicht darauf geben und dann
die beiden Chi-Ball-Stöße zur anderen Seite vornehmen.

Atmung
Einatmen beim Ausholen, langsam ausatmen jeweils bei der
Stoßausführung.

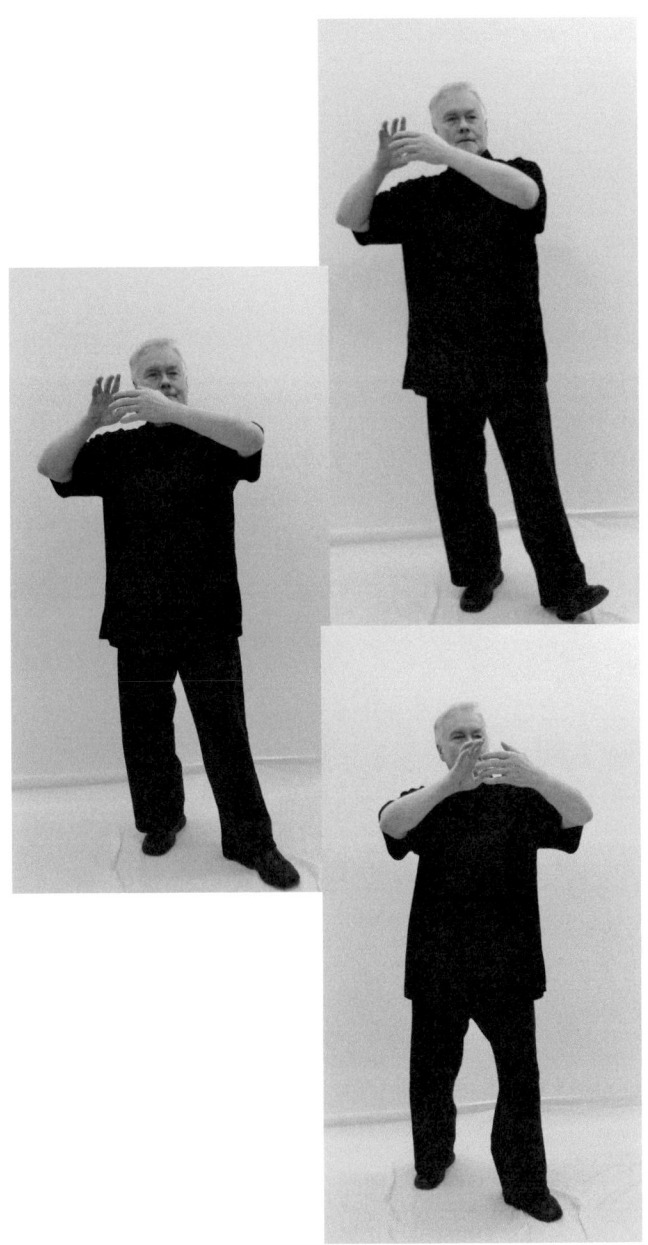

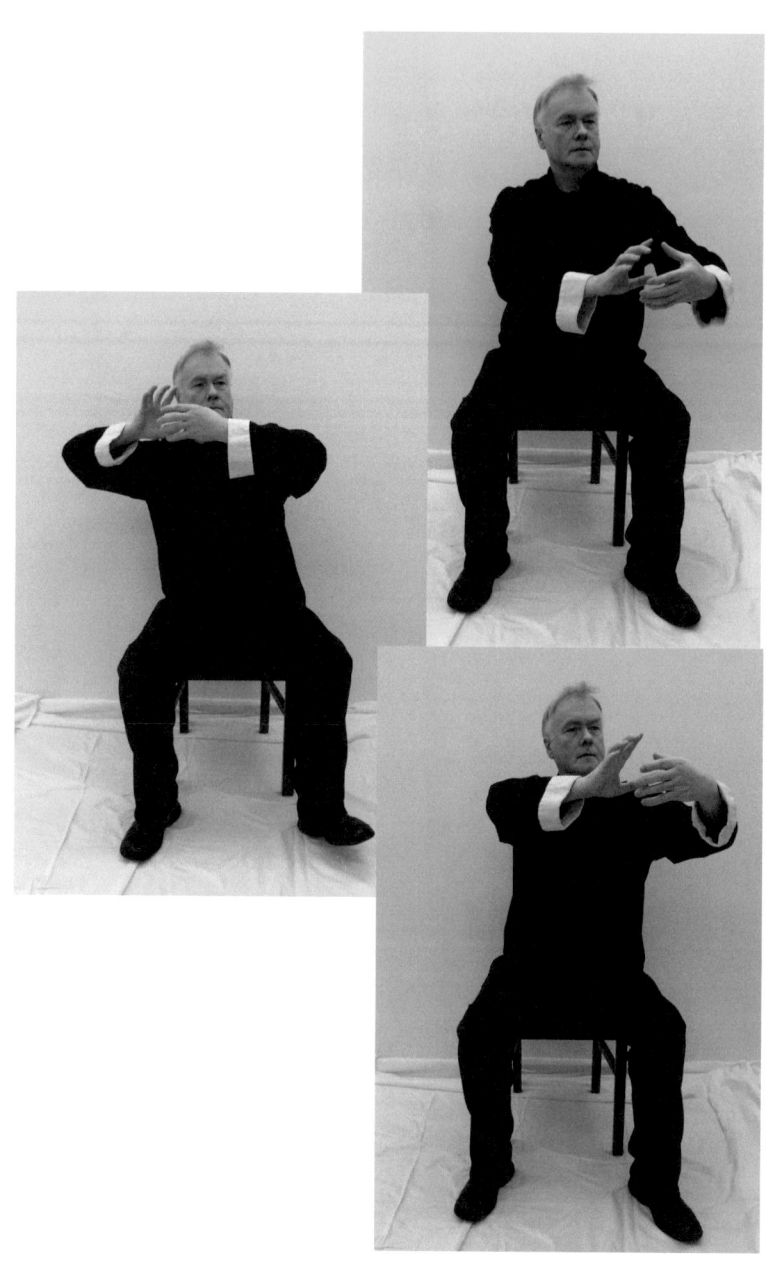

Der Schwan

Der Schwan

Senkrechter Chi-Ball, Finger somit nach oben,
nun die Hände drehen, Handflächen
nach vorne und Gewicht nach rechts
nun Körper in die linke Schräge drehen,
Fuß auf der Ferse anheben und Hände
gerade und dicht nebeneinander herab
zur Hüfte führen und dann im Halbkreis nach oben
bis etwa Gesichtshöhe drücken -
nun Gewicht langsam zurücknehmen und dabei die
Arme weit auseinander ziehen - stellen Sie sich
einen Schwan mit geöffneten Flügeln vor -
nun die Arme mit den Handflächen immer weiter
nach vorne weisend in breiter Armhaltung bis
wieder zur Hüfte führen und so mit der
Gewichtsverlagerung nach vorne die Arme in
breiter Haltung von unten nach vorne oben
drücken -
Jetzt Gewicht und Bein zurück und Arme und
Hände wieder wie am Anfang eng zusammen,
nun Gewicht nach links, Drehung in die rechte
Schräge und beide Bewegungen zur anderen Seite.
Atmung:
Beim Zurückziehen der Arme einatmen, ausatmen
beim schmalen wie breiten Herausdrücken.

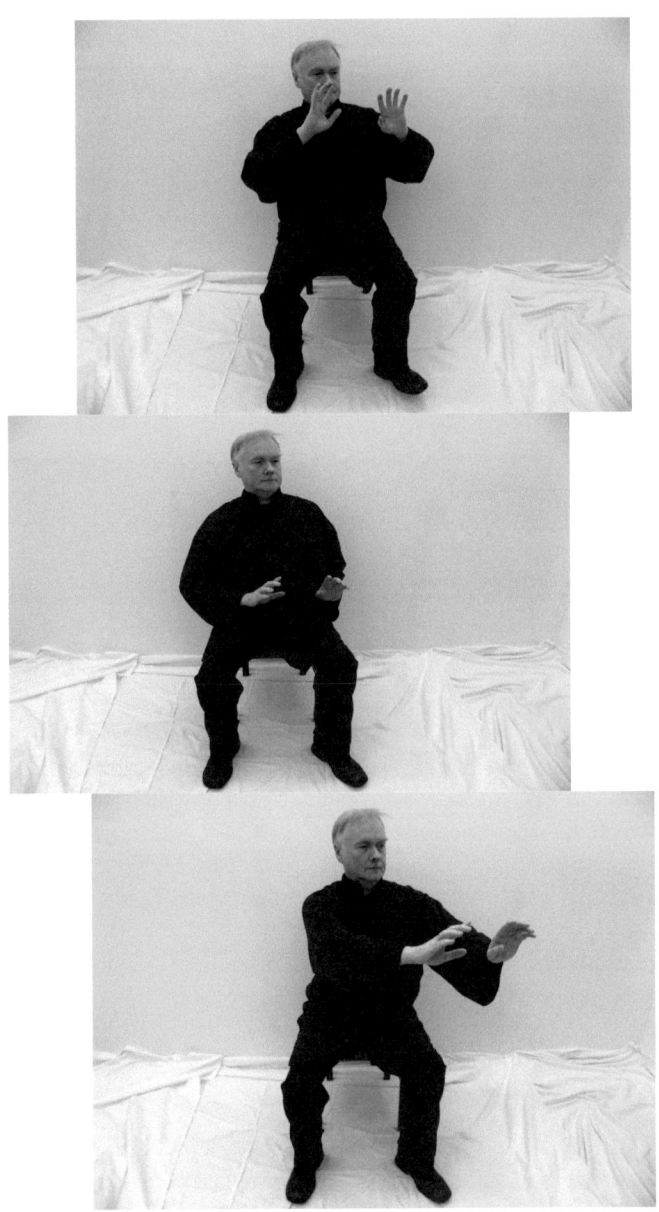

Der Bogen
Traditionell und modern

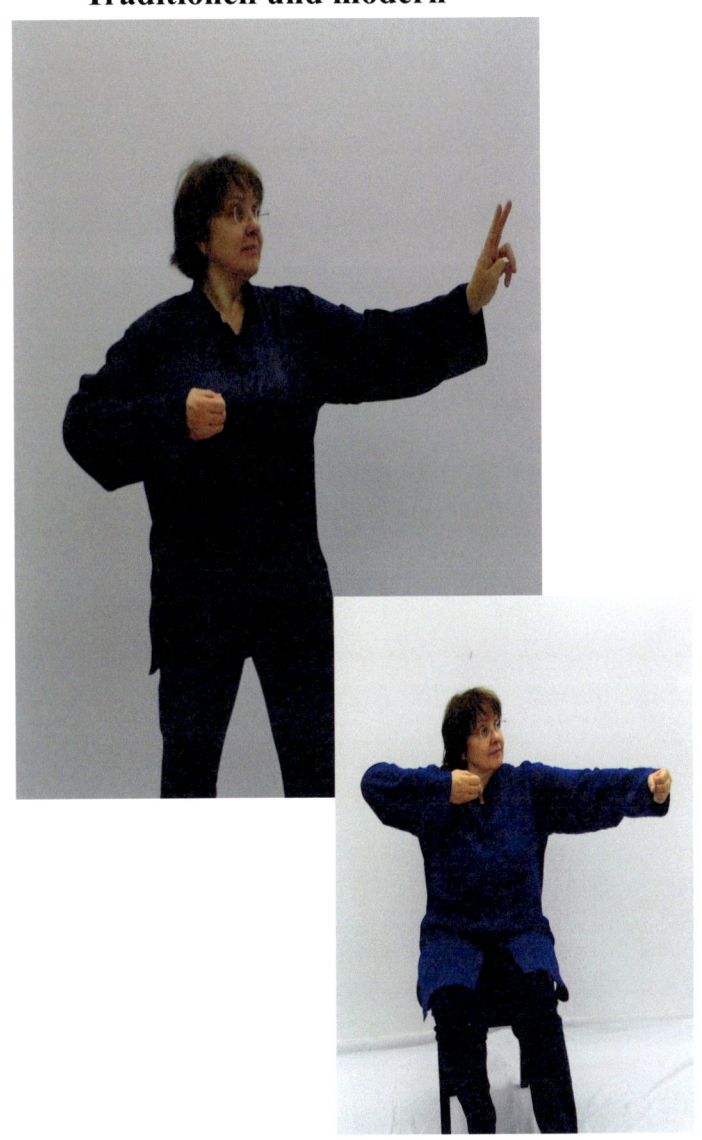

Der Bogen
Wir möchten Ihnen sowohl die traditionelle , nur angedeutete wie auch die moderne, der tatsächlichem Bewegung nachempfundene Ausführung zeigen

Traditionell
Ausgangsposition und Ablauf wie beim
'Hände heben' - doch jetzt hier noch beide Hände
nach vorne bis in die Waagerechte bringen,
nun linke Hand drehen und aufstellen mit
drei Fingern wie bei der Schwurhand
Daumen, Zeige- und Mittelfinger locker halten
- mit der anderen Hand symbolisch eine
Bogensehne fassen und mit geradem Ellenbogen
bis zur Brustwarze zurückziehen - nun Arme
mit offenen Händen über den Kopf heben, in der
Mitte als Chi-Ball herunterführen bis zur Brust
und Übung auf der anderen Seite wiederholen -.

Modern
Nach dem Händestrecken nun links wie beim richtigen
Bogenschießen imaginär den Bogen fassen und rechts
die Sehne bis zum Mundwinkel spannen, dann
langsam in Richtung der linken Hand bis etwa
zum Ellenbogen hin öffnen.

Atmung
Beim Drücken der Arme nach vorne ausatmen,
einatmen beim Spannen in der traditionellen Version,
dann ruhig in dieser Position ausatmen.
In der europäischen Version wie beim Bogenschießen
einatmen beim Spannen des Bogens und ausatmen beim
Abschießen des Pfeils.

Die seitliche Faust

Die seitliche Faust

Aus der Ausgangsposition Hände seitlich
anheben, Gewicht nach links verlagern,
Arme in Brusthöhe nach innen klappen,
Körper nach links in die Schräge drehen,
so dass der rechte Ellenbogen in die rechte
Schräge weist.
Nun die linke Hand in Brusthöhe belassen und
mit Bogenschritt den rechten Arm bis zur
Streckung nach vorne klappen -
Dann Gewicht zurück, rechter Fuß steht so auf
der Ferse hoch, mit der Gewichtsverlagerung
beide Arme nun bis in Gesichtshöhe anheben
und den gleichen Ablauf nun quasi ' eine Etage
höher' durchführen -
Nun rechtes Bein zurückholen in die Ausgangsposition,
dabei Arme mit den-Fäusten zueinander
in Brusthöhe -
jetzt die beiden Bewegungen zur anderen Seite
vornehmen.

Atmung:
Mit dem Hereinklappen der Arme einatmen,
ausatmen bei der Vorwärtsbewegung und der
Streckung der Arme.

Die Weberin

Die Weberin

Senkrechter Chi-Ball. Dann die Hände wie
beim Chi-Ball Stoß in Brusthöhe
anheben, rechte Hand somit senk- und linke waagerecht,
Gewicht dabei nach rechts verlagern, jetzt Bogenschritt
nach links, mit dem Aufsetzen des Fußes - Gewicht bleibt
noch hinten ! - den linken Arm über den Kopf führen und
dabei die linke Hand mit der Handkante nach oben drehen,
mit dem Schieben des Gewichts über das Knie nach vorne
nun einen Handstoß rechts in Brusthöhe nicht ganz zur
Streckung ausführen -
Nun Gewicht und Fuß zurückholen,dabei wieder
senkrechter Chi-Ball, nun Gewicht nach links und Chi-Ball-
Stoßvorbereitung auf der anderen Seite mit der rechten
Hand nun waagerecht,
dann die Bewegung auf die andere Seite vornehmen.

Atmung
Beim Ausholen ein, beim Anheben des Armes über den
Kopf und dem Stoß dann ausatmen.

Das Wildpferd

Das Wildpferd

Ausgangsposition Chi-Ball, linker Arm oben
Gewicht langsam nach links, Chi-Ball
mitnehmen, Ellenbogen weist am Ende in
die rechte Schräge, rechter Fuß nun angehoben
auf der Ferse. Beginnen Sie nun, den linken Arm
langsam gerade nach unten zu drücken, rechten
Arm im Halbkreis nach vorne führen, dabei den
Daumen mit de Hand etwa nach vorne kippen,
wenn der Fuß aufsetzt - Gewicht noch hinten -
ist die halb Bewegung durchgeführt, dann Gewicht
auf das Knie nach vorne schieben und die
Armbewegung rechts mit den Fingern nach links und
dem nach vorn gekippten Daumen in Brusthöhe
sowie den gerade nach unten gedrückten linken
Arm in Hüfthöhe beenden. Nun Gewicht zurückholen
und Arme wieder in den Anfangs-Chi-Ball, diesen
nun bis zum Gesicht anheben und ganze Übung
mit rechtem Arm in Gesichtshöhe wiederholen,
linker Arm mit gleicher Bewegung wie beim ersten Mal.-
Nun Gewicht zurückholen, dabei rechte Hand
quasi zum 'Deckel' drehen zum dann Chi-Ball mit
rechtem Arm oben, Gewicht nun rechts -
Dann die beiden Übungen zur anderen Seite
durchführen.

Atmung
Bei der Chi-Ball-Bildung einatmen, beim Herab- und
Hinausdrücken der Arme jeweils ausatmen.

San Ti
Himmel und Erde

San Ti

Himmel und Erde

Senkrechter Chi-Ball. Nun Körper nach rechts wenden, dabei die Hände mit den Handflächen nach vorne drehen und Bogenschritt in die rechte Schräge , mit nun dem Gewicht nach vorne dabei die Hände hängend mit den Handflächen nach unten nach vorne führen und etwa bis Gesichtshöhe anheben.

Nun Hände mit weit geöffneten Fingern aufdrehen, bis die Handflächen nach vorne weisen, rechte Hand etwa in Kopf- und linke in Halshöhe – nun Gewicht auf das linke Bein zurücknehmen, bis der rechte Fuß mit der Ferse am Boden sonst angehoben ist und dabei den linken Arm schräg nach unten bis zur Hüfte führen, die am Ende der Bewegung Kontakt mit dem linken Daumen hat - rechte Hand bleibt in Kopfhöhe, diese mit de Verlagerung nach links hinten nur etwas Richtung Kopf zurückziehen - nun noch Gewicht mit Ferse-Fuß-Knie wieder nach rechts verlagern und rechte Hand wieder bis fast zur Streckung in Kopfhöhe nach vorne führen – die linke Hand verbleibt am Bauch.

Jetzt Pendel in die Gerade durchführen mit wieder senkrechtem Chi-Ball und die Übung zur anderen Seite ausführen.

Atmung:

Mit dem Bogenschritt ausatmen, einatmen beim Anheben der Arme und Zurückführen des Gewichtes, dann beim Schritt nach vorne und dem nach vorne Drücken des Arms wieder ausatmen.

Der Löwe

Der Löwe
Sicher eine der elegantesten Übungen

Ausgangsposition wie beim Chi-Ball-Stoß, diesen
Stoß auch nach links in Brusthöhe durchführen,
Gewicht nun vorne - jetzt die linke Hand aufdrehen
mit den geöffneten Fingern nun nach oben,
dann den rechten Arm langsam nach unten und hinter dem
Körper hoch schwingen, mit dem Zurücknehmen des Arms
dann auch langsam das Gewicht auf das hintere Bein
verlagern, nun den Arm von hinten hoch über den Kopf
bringen - jetzt Gewicht langsam wieder mit Knie nach
vorne und dabei -- **mit völlig lockerer Hand** - die Rechte
mit den Fingerspitzen in Richtung der anderen Hand so
weit nach vorne schieben, dass die Hand von Ihnen
über dem Kopf nicht zu sehen ist.
Nun Gewicht zurück, beide Arme mit den Fingern
zueinander über den Kopf heben, Gewicht langsam auf links
mit dort jetzt spiegelverkehrtem Chi-Ball in Brusthöhe,
linke Hand senk- und rechte waagerecht, nun die Übung
langsam auf die andere Seite vornehmen.

Atmung:
Mit dem Ausstoßen de Chi-Balls ausatmen, mit dem
Hochschwingen des hinteren Arms einatmen und
ausatmen dann mit dessen nach vorne Schieben
über den Kopf.

Das Wegkreuz

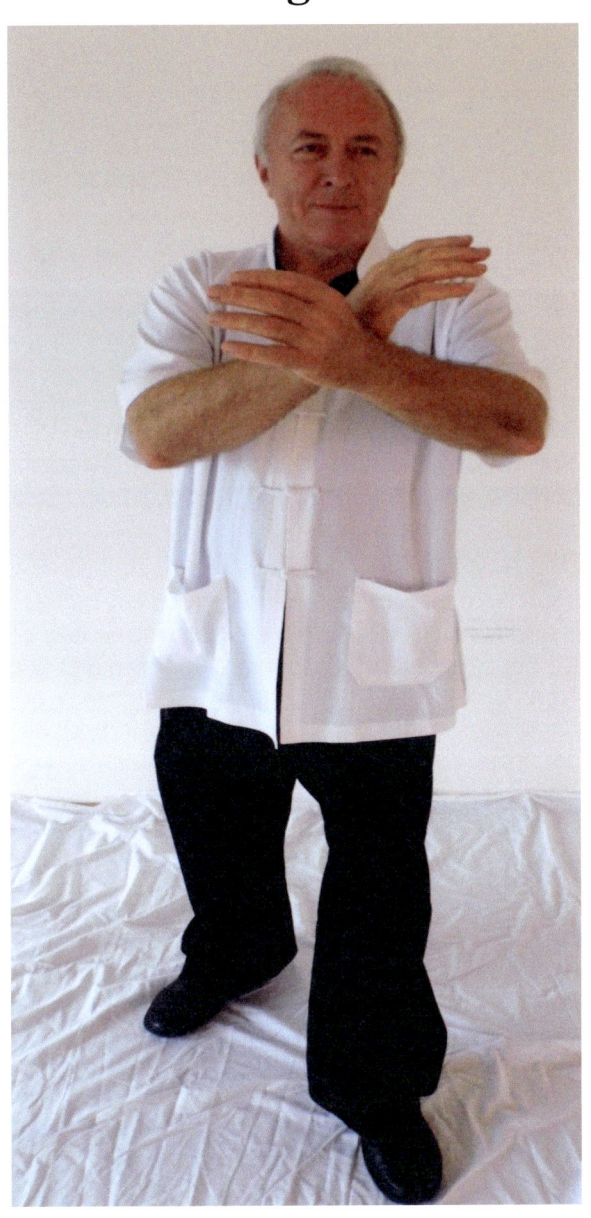

Das Wegkreuz

Das Wegkreuz ist die einzige der Übungen, die sowohl im Stand als auch in der Bewegung vorgenommen werden kann.

Im Stand

Ausgangsposition
Sie heben die Arme in die Schräge zur Seite, führen sie dann vor dem Nabel so zusammen, dass die Handflächen nach oben weisen und die Arme in den Handgelenken übereinander liegen, rechte Hand oben.
Dann heben Sie dieses Kreuz mit dann den Handflächen zum Körper bis zur Brust an, drehen dann die Hände, so dass nun die Handkanten nach vorne weisen, drücken die Hände nun nach vorne weg und ziehen dabei die Arme weit zur Seite auseinander -
Nun wiederholen Sie die ganze Bewegung, wobei Sie das Handkreuz diesmal bis Gesichtshöhe anheben. Nun entweder wiederholen oder durch Anlegen der Hände wieder an die Hosennaht beenden.

Bewegungsübung

Ganzes Gewicht auf links, nun rechten Fuß leicht in die rechte Schräge drehen, dann ganzes Gewicht langsam auf rechts, Arme weit öffnen, nun Reihenfolge einhalten: bei deren Zusammenführen den Bogenschritt in die linke Schräge durchführen, mit der linken Ferse am Boden und dem noch angehobenen Fuß, Gewicht noch hinten, dann Schritt 2: Arme wenden, nun mit den Handkanten vorne, jetzt Fuß langsam aufsetzen - **Gewicht immer noch hinten** ! Erst jetzt gleichzeitig Arme nach vorne drücken und Gewicht und Knie nach vorne bis über den Spann bringen, jetzt Arme auseinander, mit dem Zurückholen der Arme auch langsam Gewicht zurück verlagern, bis der linke Fuß wieder angehoben ist - nun Bewegung mit dem Handkreuz jetzt in Gesichtshöhe wiederholen.
Am Ende dann linken Fuß zurückziehen und leicht schräg stellen, dann Gewicht auf links und die beiden Bewegungen spiegelverkehrt zur anderen Seite ausüben.

Atmung:

Beim Öffnen der Arme und Wenden der Hände einatmen,
ausatmen beim Überkreuzen der Arme und beim Wegdrücken der Hände.

Doppelübung
Die 7 Sterne

Die 7 Sterne

Zum Schluss noch eine Kombinationsübung:

Hände an der Hosennaht, Gewicht langsam nach rechts,
Körper in die linke Schräge drehen und Arme
seitlich mit den Daumen oben bis Hüfthöhe anheben -
nun Arme vor dem Bauch zusammenführen, dabei Fäuste -
immer locker, innen offen - bilden und in den Handgelenken
aufeinander legen, rechte Hand mit Daumen links
ist oben, nun Bogenschritt nach vorne mit Stoß der
Arme in Brusthöhe - nicht ganz ausstrecken -- nun
Hände langsam öffnen, Arme nach unten bis
Hüfthöhe zur Seite führen, nun Arme im weiten Halbkreis
bis über Kopfhöhe, drehen mit den Handkanten nach oben
und dabei Fäuste so bilden, dass zwischen den Händen etwa
ein Kopfbreite Platz bleibt, heranholen bis
neben den Kopf - und nun in dieser Handposition
mit Bogenschritt Gewicht nach vorne und Hände
ca. 20-30 cm nach oben vorne schieben -
nun Gewicht und Hände zurückholen, mit Gewicht
nach links dann Arme weit öffnen, im Halbkreis
nach unten führen und beide Bewegungen zur
anderen Seite durchführen, beides beliebig wiederholen.

Atmung

Beim Zusammenführen der Arme ausatmen,
einatmen beim Bilden der Fäuste, ausatmen
bei deren nach vorne Drücken, einatmen beim
Öffnen der Arme, ausatmen beim Bilden der Fäuste
über dem Kopf, einatmen bei deren Heranholen,
ausatmen beim Herausdrücken der Fäuste.

Messeimpression

Zum Autor

Helmut K. Roth, der Tai-Chi seit nunmehr 30 Jahren betreibt, ist als Personal-Trainer tätig.

Nach über 20 Einzel- und Gruppenauftritten bei diversen privaten Fernsehsendern, bei Messen und sonstigen Gesundheitsveranstaltungen kann er nun zu seinem Senioren-Tai für Workshops und Wochenendkurse, für privates Training beim Kunden oder auch für Webseminare gebucht werden.

Mobil unter 0171 / 7000 681 oder unter
hero-TAI-CHI@ROTH-Marketing.de

Im Internet unter
www. hero-TAI-CHI.de

Zum Abschluss noch ein paar Trainingstipps:

Auch wenn Sie vielleicht auch nur zwei, drei oder fünf Minuten erübrigen wollen oder können, so versuchen Sie dennoch, die Übungen fest in Ihren Tagesablauf zu integrieren,
und Sie werden sehen, dass Sie Ihr Tai-Chi bei regelmäßiger Anwendung sehr bald nicht mehr missen wollen.

Vor jedem Übungsbeginn sollten Sie ein Mal von über dem Kopf tief bis in den Boden unter Ihnen durchatmen.

Bitte nicht direkt nach einer Nahrungsaufnahme üben.

Den Körper stets aufrecht lassen, der Nabel bleibt immer Ihr vorderster Punkt.

Versuchen Sie, auch die Übergänge mit allen Abwärtsbewegungen, Übergängen und Gewichtsverlagerungen immer in der gleichen Geschwindigkeit auszuführen.
Denn Sie sollten stets daran denken, sich mit jedem Übungsbeginn nach Ihrer eigenen Vorstellung immer wie in Zeitlupe oder unter Wasser **fließend langsam** zu bewegen.

Finden Sie mit Ihren Lieblingsübungen in Ihre Ruhe.

„Hab' keine Angst, nur langsam voranzukommen, bedenke, eine Schildkröte wird genau damit über 100 Jahre alt" **Chinesische Weisheit**

Alle Rechte vorbehalten.

Nachdruck in jeder Form sowie Wiedergabe durch Film, Funk, Fernsehen sowie Bild- oder Tonträger, Benutzung für Vorträge -auch auszugsweise - sowie die Speicherung wie Verbreitung in elektronischen Medien nur mit ausdrücklicher Genehmigung des Autors und des Verlages.

Die Bewegungen und Empfehlungen dieses Buches wurden von Verlag und Autor nach bestem Wissen und Gewissen mit größtmöglicher Sorgfalt zusammengestellt und geprüft, dennoch kann keinerlei Garantie übernommen werden.

Jede Haftung des Autors bzw. des Verlages für Personen-, Sach- und Vermögensschäden ist ausgeschlossen.

ISBN-Nr.: 978-3-7431-4677-8
Herstellung und Verlag:
BoD-Books on Demand, Norderstedt

MIX
Papier aus verantwortungsvollen Quellen
Paper from responsible sources
FSC® C105338